ÉLOGE FUNÈBRE

DE

FRANÇOISE-MARIE-JEANNE-MARGUERITE

DE LA ROCHEFOUCAULD,

PRONONCÉ

DANS L'ÉGLISE DE MONTMIRAIL

Le 26 Septembre 1876

CHALONS

IMP. T. MARTIN, PLACE DU MARCHÉ-AU-BLÉ, 50.

—

1876.

ÉLOGE FUNÈBRE

DE

Françoise-Marie-Jeanne-Marguerite DE La Rochefoucauld.

A M. D. G.

ÉLOGE FUNÈBRE

DE

FRANÇOISE-MARIE-JEANNE-MARGUERITE

DE LA ROCHEFOUCAULD,

PRONONCÉ

DANS L'ÉGLISE DE MONTMIRAIL

Le 26 Septembre 1876.

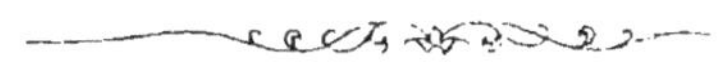

CHALONS

IMP. T. MARTIN. PLACE DU MARCHÉ-AU-BLÉ, 50.

1876.

ORAISON FUNÈBRE

DE MADEMOISELLE

FRANÇOISE-MARIE-JEANNE-MARGUERITE

DE LA ROCHEFOUCAULD.

> *Placita enim erat Deo anima illius ;*
> *propter hoc properavit educere illam.*
> (Sagesse, ch. IV § 14.)
>
> Son âme était pour Dieu un objet de
> complaisance ; voilà pourquoi il
> s'est hâté de la retirer de ce
> monde.

Mes Frères,

1. Il y a neuf mois à peine, nous rendions ici les honneurs funèbres à une noble et généreuse mère. Sa vie venait de s'éteindre après une longue suite d'années et une riche moisson de vertus et de bonnes œuvres ; et, au souvenir de tant de bienfaits, nous avions mêlé nos larmes sur son tombeau. Qui eût pensé alors que, ces larmes à peine séchées, un nouveau deuil viendrait s'abattre sur cette illustre famille et sur nous ! Qui eût pu prévoir que bientôt l'impitoyable mort allait se choisir une nouvelle victime, et que la fille, moissonnée au printemps de sa vie, viendrait tomber auprès de la mère, semblable à une jeune et tendre fleur qui, détachée soudain de la tige, tombe mourante au pied du tronc qui l'a vue naître ! Mourir si jeune,

quand pour elle la vie se présentait souriante, quand l'âme s'épanouissait à la vertu, quand sur sa tête planaient de si brillantes espérances ! Mon Dieu ! nous ne pouvons donc compter sur rien en ce monde ! Noblesse, fortune, jeunesse, vertu, tout cela ne saurait donc nous défendre contre les droits du trépas ! Et voilà qu'il nous faut reprendre tristement la voie douloureuse du sépulcre à peine fermé depuis quelques jours, et aller reposer l'enfant près de la mère ! Et il me faut prêter mes mains et ma voix à ce triste ministère !

II. O vous tous, dont cette mort soudaine et prématurée transperce l'âme de mille glaives de douleur, parents désolés ; et vous, Mes Frères, qui, par votre affluence et votre généreuse sympathie, avez voulu, s'il est possible, apporter quelque consolation à des douleurs inconsolables, que vous dirai-je en présence d'un coup si cruel dont je suis moi-même accablé ? Accuserons-nous la sagesse ou la bonté du souverain maître de nos destinées ? A Dieu ne plaise que le chagrin fasse éclore le blasphème sur nos lèvres ! Nous le croyons et nous le savons, Dieu est toujours infiniment sage, toujours infiniment bon ; et même lorsqu'il nous frappe au cœur, même lorsqu'il nous semble cruel, sa miséricorde pour nous reste toujours infinie ; et, avec un sublime génie, saint Augustin, du sein de nos angoisses, nous pouvons toujours pousser vers lui ce cri de la foi et de l'amour : O Dieu miséricordieusement cruel, *Deus misericorditer crudelis ! (Confessions.)*

III. Grand Dieu ! quel est donc ce mystère ? Qui nous révélera le secret de ces morts prématurées, de ces départs hâtifs, dans l'ordre de la Providence ? Je l'ai cherché dans les divines écritures, et je l'ai trouvé dans une page sublime du livre de la Sagesse (chap. IV.) Là se trouve une sorte de chant lyrique en l'honneur de ces âmes qui, ayant à peine posé le pied sur cette terre de douleur, s'en détournent tout-à-coup, repoussent la coupe amère de la vie après y avoir seulement trempé les lèvres, et, colombes fugitives, prennent leur vol vers la céleste patrie. Il est de jeunes âmes, dit l'écrivain sacré, qui en peu de jours ont beaucoup vécu. Consommées en vertu, dans la brièveté de leur vie, elles ont fourni une longue carrière aux yeux de Dieu. Objets de complaisance pour son regard, il a voulu les prémunir contre le souffle empoisonné du siècle, et il s'est hâté de les retirer de ce monde et de les soustraire à ses vaines illusions. Il semble envier à la terre ces précieux trésors de grâce et de vertu, et il les lui ravit de bonne heure ; ces beaux lis exhalaient les suaves parfums de la pureté virginale et de la céleste charité, et il s'est hâté de les cueillir et de les transplanter dans son paradis, où ils forment autour de lui une glorieuse couronne et sa plus brillante parure. En lisant cette poésie inspirée du livre divin, il me semble voir le portrait de cette âme angélique dont nous pleurons le départ. Oui, elle était vraiment pour Dieu un objet de complaisance ; voilà pourquoi il s'est hâté de la retirer de ce monde, *Placita enim erat Deo anima illius ; propter hoc properavit educere illam.* Dans ces paroles qui résument le chapitre sublime, ne reconnaissez-vous pas la plus salutaire instruction pour nous en présence de ce cercueil, la plus douce consolation pour ceux que cette mort prématurée a frappée au cœur, mais surtout le plus bel éloge de pieuse et noble demoiselle Françoise-Marie-Jeanne-Marguerite de La Rochefoucauld ?

IV. On s'étonne souvent dans le monde que la mort passe sans s'arrêter devant le seuil de celui qui l'appelle à grands cris sur sa couche de douleur, et qu'elle aille frapper la jeunesse dans sa fleur, au moment où elle semblait promettre les plus beaux fruits. On ne devrait jamais oublier que le but et le grand travail de l'âme en cette vie, c'est de rétablir l'idéal, le plan divin, en remplissant la mission particulière que Dieu lui a donnée : c'est-là le travail de la sanctification. Quand cette œuvre est achevée selon le dessein du Créateur, quand le dernier coup de pinceau a été donné par la main de l'artiste divin, il prend son chef-d'œuvre et lui donne dans sa maison une place d'honneur. Souvent le travail est long et doit subir bien des retouches ; mais il est des âmes d'élite, chefs-d'œuvre de la nature et de la grâce, qui d'un seul bond s'élèvent aux sommets de la vertu. Telle fut cette jeune âme dont nous déplorons le départ précipité. Sa vie fut peu connue de vous, Mes Frères ; jusqu'alors elle était restée cachée dans le secret de sa famille, douce colombe s'abritant sous l'aile maternelle. Mais, semblable à l'humble fleur voilant sa beauté sous le gazon, elle s'était déjà trahie par le parfum de ses vertus ; et de loin vous l'admiriez croissant en grâce et en sagesse devant Dieu et devant les hommes.

V. Voulez-vous savoir ce qu'elle était pour sa famille ? Ah ! ce serait à ses parents affligés de nous dire tout ce qu'elle était pour eux et tout ce qu'ils perdent en la perdant. Mais puisque la douleur les tient éloignés d'un spectacle que leur cœur ne pourrait supporter, qu'ils me permettent de soulever un coin de ce voile qui dérobait aux regards le secret de tant de vertu. Je puis tout révéler en un seul mot : Elle était le lien, le trait-d'union de toute sa famille. Quel amour mêlé de respect pour son père ! quelle tendresse pour sa mère ! quel dévouement et quelle amitié pour ses frères ! D'un jugement mûr avant l'âge, d'une volonté forte et énergique, elle était devenue le guide et le soutien de tous. Elle était l'ange visible de sa famille.

VI. Ce qu'elle était pour Dieu, pasteur de cette paroisse, c'est à moi de vous l'apprendre. Chaque matin elle se levait de bonne heure pour vaquer à la prière ; et pendant que tant d'autres prolongent leur repos dans les molles douceurs du sommeil, la pieuse vierge se prosternait devant son crucifix, dans le secret de sa demeure. Elle priait pour sa famille, pour elle-même, allant puiser au sein de Dieu le principe de ces grâces que nous admirions en elle. Puis nous la voyions descendre les degrés de cet escalier solitaire qui s'ouvre sur l'autel, et elle allait s'agenouiller dans cette petite chapelle, où, pendant le sacrifice eucharistique, elle restait immobile, absorbée dans la contemplation des divins mystères. Et ce spectacle si édifiant, elle nous le donnait chaque jour sans que rien ne pût l'arrêter, ni les brûlantes ardeurs de l'été, ni les rigueurs de la saison des frimats. Elle m'apparaissait là chaque matin comme l'ange du sanctuaire. Et cette piété n'était pas purement sentimentale, elle était toute pratique, s'affirmant avant tout par les œuvres. Pour vous en convaincre apprenez ce qu'elle était par elle-même.

VII. Ce qui m'a le plus frappé dans cette belle âme, c'était son humble modestie au milieu de tant de talents et de vertus, au milieu de la gloire de son nom et des éloges que lui attirait son mérite. Au lendemain d'un jour où elle avait reçu tant de louanges auxquelles elle avait répondu avec tant de modestie, je la félicitais sur cette heureuse disposition de son âme, lui disant que dans cette simplicité unie à la dignité se trouvait le cachet de la véritable grandeur. « Je n'ai en cela aucun mérite, me répondit-elle ingénuement, car je ne saurais faire autrement. » Parole magnifique qui nous montre la beauté de cette âme. Assidue au travail, sérieuse dans ses études et dans ses lectures, elle ne perdait pas son temps, comme tant d'autres, dans des frivolités. Avait-elle remarqué un défaut en elle-même, elle s'armait aussitôt d'un généreux courage pour le vaincre. C'est ainsi qu'elle était devenue maîtresse d'elle-même au point de paraître toujours calme et souriante : c'était la paix de la victoire. Cette beauté de son âme virginale rayonnait au dehors dans les charmes de sa personne. De là cette physionomie gracieuse et douce, franche et ouverte qui, dès le premier abord, lui conciliait toutes les sympathies. Même après que la mort l'eut frappée, lorsque son corps était étendu sur la couche funèbre, sa vue inspirait encore je ne sais quel respect mêlé d'admiration. On eût dit le sommeil de l'ange de la pureté virginale et de l'aimable modestie, et on se rappelait la parole du Sauveur : Cette jeune fille n'est pas morte, elle n'est qu'endormie. *Non est mortua puella, sed dormit.*

VIII. Il me reste à vous dire ce qu'elle voulait être pour vous, mes frères. Son cœur était dévoré du désir de faire du bien autour d'elle, et il s'était ouvert largement aux généreuses inspirations de la charité. A peine avait-elle posé le pied sur cette terre de Montmirail, qu'elle songeait à s'élancer sur les traces de ces femmes admirables qui furent, par leurs pieuses libéralités, la gloire de l'illustre maison de La Rochefoucauld. Quelques jours après son arrivée, elle entrait dans sa 20e année : elle voulut célébrer cet anniversaire de sa naissance à la manière de ses ancêtres, au milieu des pauvres, des enfants et des orphelins. Et c'est dans ce jour, au milieu de cette effusion de sa charité, quand cette bonté nous promettait de si beaux fruits pour l'avenir, qu'elle se sentit tout à coup arrêtée, frappée au cœur par une main invisible. C'était la main de Dieu qui voulait cueillir cette fleur embaumée des parfums de la vertu : elle allait tomber à l'entrée de la carrière où elle promettait de continuer avec honneur cette chaîne traditionnelle d'âmes généreuses et saintes dont les noms remplissent l'histoire de cette noble famille et vivent dans la mémoire de ce pays. Vous le voyez, si elle eût vécu, elle eût été pour vous l'ange de la charité. D'ailleurs, tous vous l'aviez pressenti ; et, à la nouvelle de cette mort inattendue, un douloureux gémissement sortit de tous les cœurs ; vous sentiez qu'une calamité venait de tomber sur la ville en même temps que sur cette famille désolée.

Nous comprenons maintenant pourquoi cette âme angélique était un objet de complaisance pour le regard du Seigneur, *Placita enim erat Deo anima illius*. Elle était mûre pour le ciel. et Dieu s'est hâté de la soustraire aux illusions, aux dangers et aux angoisses de la terre pour l'appeler à lui et lui donner place dans le chœur des vierges qui sont le plus bel ornement de sa cour céleste. *Propter hoc properavit educere illam.*

IX. Il nous donne en même temps, par ces coups terribles, de salutaires leçons que nous ne devons point laisser passer sans en profiter. Il nous rappelle, à nous qui l'oublions trop, que rien n'est plus fragile que notre vie, rien n'est plus incertain que le moment de notre mort. Ne comptez pas sur votre jeunesse, ni sur votre santé : ce cercueil et cet appareil lugubre vous disent assez qu'un souffle suffit pour tout renverser ; vous ne savez ni le jour, ni l'heure, le divin Maître nous en a plus d'une fois avertis. Alors, quel que soit votre âge, soyez toujours prêts à paraître devant Dieu. Quel bonheur pour cette vertueuse jeune fille d'avoir su rendre fécondes les années de sa jeunesse au lieu de les dissiper dans des plaisirs vains et stériles ! Elle est arrivée ainsi devant le Souverain Juge les mains pleines de mérites. C'était la vierge sage se tenant prête, et, le flambeau de la foi et de la charité à la main, attendant l'arrivée de l'Epoux ; et elle a pu le suivre et entrer avec lui dans la salle du banquet des noces éternelles.

Un autre enseignement vous est donné par ce funèbre spectacle, ô parents chrétiens : c'est que vos enfants ne sont qu'un dépôt qui est confié à votre sollicitude et à votre amour, dépôt sacré, dépôt bien précieux et bien cher à vos cœurs sans doute, mais enfin ce n'est qu'un dépôt ; ils appartiennent à Dieu qui vous les a donnés pour les lui garder, pour les former à la vertu et les préparer à la gloire céleste, et il peut vous les redemander quand il lui plaît. C'est dans cès douloureuses circonstances que nous sommes obligés de reconnaître que lui seul est le souverain Maître, et que nos destinées sont entre ses mains. N'oublions donc jamais celui qui nous a tout donné, qui peut tout nous reprendre, et qui nous demandera compte de tout ce que nous aurons reçu.

X. Mais avant de terminer ce discours, bouquet de fleurs que mon âme pastorale jette sur la tombe d'une enfant spirituelle, je sens le besoin de revenir à vous, ô parents affligés ; je voudrais pouvoir verser sur les blessures de vos cœurs le baume des consolations. Les consolations humaines sont incapables de soulager et de guérir des douleurs comme les vôtres ; Rachel faisait retentir les montagnes de l'écho de ses gémissements, et elle ne voulait point recevoir de consolation, parce qu'ils n'étaient plus et que rien ne pouvait les lui rendre. Sans doute, il est doux d'entendre parler avec éloge de ceux que l'on pleure, et en entendant leurs louanges, il nous semble un moment les voir revivre devant nous. C'est ainsi qu'en vous parlant de cette angélique jeune fille, il me semblait la revoir vivante sous nos regards. Mais bientôt tout va se taire et disparaître, et rien ne comblera le vide que cette mort laisse au milieu de nous. La religion seule nous donne des consolations égales à nos douleurs, parce que seule elle nous donne l'espérance, et avec l'espérance, nous laisse l'amour. C'est elle, cette religion divine, qui au-dessus de ce cercueil fait planer la grande et consolante pensée de l'immortalité de l'âme. Elle pleure avec nous et partage nos angoisses et nos deuils ; mais elle prie avec nous et de sa main nous montre le ciel comme le but de notre douloureux pélerinage et notre véritable patrie. Non, grâce à Dieu, nous ne sommes pas de ceux qui pleurent sans espérance, et nous savons que la mort ne détruit pas notre être, mais ne fait que le modifier. Si elle dissout pour un temps la partie argileuse de nous-mêmes, elle ne peut rien sur la partie spirituelle, la principale, qui est notre âme. Croyez-vous que cette âme angélique qui brillait de tout l'éclat de l'intelligence et de la vertu, qui tressaillait sous l'impulsion des sublimes inspirations de la charité et du dévouement, croyez-vous qu'elle puisse être enfermée dans l'étroite et immobile prison du tombeau ? Demandez à ce père, qui aime une fille vertueuse, qui la presse sur sa poitrine, qui s'enivre de son regard, s'il ne croit pas à l'immortalité de l'âme ! Demandez à cette mère qui pleure sur la tombe de son enfant, si la mort est capable de briser ces liens sacrés qui unissaient son âme à la sienne ! On ne vit pas avec les morts, nous répète une fausse et froide philosophie. Il ne faut jamais avoir été père, n'avoir jamais senti un cœur de mère battre dans sa poitrine pour prononcer une pareille sentence. Quoi ! Dieu nous aurait enchaînés les uns aux autres par des liens si forts et si doux pendant toute une vie de douleurs, et tout cela viendrait se briser contre la pierre du tombeau et s'engloutir dans le néant ! C'est impossible ; et n'eussions-nous pas les preuves de notre raison et les certitudes de notre foi, que, pour me convaincre de cette glorieuse et consolante vérité, il me suffirait d'en appeler au cœur de toutes les mères !

Consolez-vous donc, ô parents désolés, votre chère fille est immortelle ! elle est modifiée, transformée, mais elle vit. *Etiam si mortuus vivet* (S. Jean). Consolez-vous, car vous aussi, vous êtes immortels ! Consolez-vous, les liens sacrés de l'amour qui unissaient vos âmes sont immortels ! Du fond de cette terre d'exil, quittant cette basse région de la matière et des sens, vous pouvez sur les ailes de la foi, de la prière et de l'amour, vous élever dans ce monde surnaturel et invisible qui est la patrie des esprits. C'est là qu'habite celle que vous pleurez ; c'est là qu'elle vit heureuse en vous attendant. Il me semble la voir vous tendant les bras et vous conviant à son bonheur. De là, cet ange de la terre, devenu l'ange du ciel, continuera pour vous cette mission qu'elle remplissait avec tant de grâce et de dévouement. C'est là enfin que le père, la mère, les frères, les amis, se retrouveront au sein de Dieu, d'où ils sont sortis. De lui découlent en effet toute paternité, toute la tendresse des mères, toute l'affection des frères et des amis, et toutes ces flammes divines, qui sont la gloire de nos âmes et la raison de leur grandeur, retourneront à leur foyer, si elles restent pures dans leur parcours à travers ce monde de fantômes, et ne vont pas se perdre dans les fanges de la matière et des sens. Ni la gloire, ni la grâce, ne détruisent la nature dans ses légitimes affections ; mais elles les purifient, les élèvent, les glorifient et les éternisent en les divinisant. Vivons donc tous de la vie des saints et ne reculons pas devant les sacrifices de la vertu, afin que, après nous être aimés au milieu des angoisses de l'exil, nous nous embrassions dans les ineffables délices de l'éternelle patrie. Ainsi-soit-il.

Châlons, imp T. Martin.